ΑΊΛΟΥΡΟΣ

Елена Сунцова

ВЫШЕ ВОЗДУХА

Стихи 2018—2019

Ailuros Publishing
New York
2019

Подписано в печать 21 сентября 2019 года.
В оформлении обложки использована акварель Реджинальда Вестона.

Above the Air
Poems by Elena Suntsova
Ailuros Publishing, New York, USA
www.elenasuntsova.com

Copyright © 2019 by Ekaterina Boyarskikh, preface.
Copyright © 2019 by Elena Suntsova, text.
Copyright © 1960 by Reginald Weston, cover picture.
All rights reserved.

ISBN 978-1-938781-60-5

Екатерина Боярских

«За взлетной первозданной полосой»

Это тот случай, когда читателю нужно перешагнуть черту. Чтобы последовать за автором, нужно проявить смелость — вступить в интонацию, как в глубокую неспокойную воду, замереть, позволить стихам звучать и не соответствовать никаким ожиданиям. Довериться книге, как вселенной, — ее небесному головокружению, ее трамваям и дирижаблям, ее воздушно-водно-свето-речевой текучести и полетности. Это стихи парадоксальные — одновременно нервные и нежные, скоростные — и тихие, яркие и туманные, очень юные — и мудрые... Их поэтика сложна своей изменчивостью, диапазоном: от нежного щебетания «finnish swedish swedish finnish» до безупречно высокого

> Имя, которое сжег прилив —
> Просто вода взяла,
> Вдруг присмотревшись и полюбив
> И растворив дотла.

От удивительных силой неожиданности образов —

> Пускай он вспомнит как бельчата
> Летели капельками соли
> Чуть розоватые спросонья

до откровенно скоморошьей свободы:

> Изменяя небосводы
> Веют дутики уроды
> А Хвостов меня голубит
> Так же таки оды лупит

От шифра, тайнописи, непереводимо личного —

> Камешком опомнится весталка
> Вздрогнут и мюрид и кусикянц
> Станет рыться в ветоши гадалка
> Осени обугленной том гланц

до афористично-исчерпывающего, как бы уже сверхавторского

> И видеть с востока
> Лоскутную карту
> Былого восторга
> Как римляне Спарту

От разноцветной словесной яркости этих стихов, отсутствия границ времени и пространства возникает ощущение, что на читателя дождем пролилась Александрийская библиотека — и гроза, и шум страниц одновременно, тот уровень языковой эклектики, на котором она уже перестает быть эклектикой и становится органикой, второй природой, состояние, когда речь одновременно и очень пряма и проста, и совершенно непредсказуема. Волшебство, чистая спонтанность, как будто вода плещет — и останавливается в совершенной форме «выше воздуха» вопреки законам физики.

Небо и море, небо и океан, постоянно присутствующие в стихах Елены Сунцовой, пронизывают свет и полет. Дождь, ветер, лодки, трамваи и дирижабли — все это движется, взлетает и падает:

> Стеклянной рыбкою плывет
> Над морем, словно самолет,
> Воздушный сказочный трамвай,
> Соединяя острова,
> Растапливая лед.

«Воздушный трамвай» — воплощенная интонация чувства, дочиста отмытая небом и морем эмоция невесомости — соединяет не только острова, но и тексты. Непрозрачный синтаксис, отсутствие однозначных границ между строками, строфами и даже стихотворениями — при прозрачной, восходящей, взлетающей чистоте интонации, на которой и держится бесконечность речи. Точек нет, это *высказывание* — процесс, а не его завершение. Все читается на одном даже не дыхании, а бездыхании от начала до конца, как будто вдох все длится и длится, объема легких уже не хватает, но какой-то иной, неизвестный, внетелесный объем все расширяется и расширяется. Речь поэта и космополитична, и футуристична даже, и стимпанкова, и в то же время природна — но не только так, как живые мелкие объекты, а как природен космос, излучение, гравитационное поле — неумолимо и огромно. Урбанистическая и космическая, лирическая и ироническая, книга эта — «абсолютный синтез абсолютных антитез». Она очень нежная, стихийная, трогательная и грозная — от какой-то первозданной амбивалентно-психоделической мощи чувств. Бинокулярное или даже «полиокулярное» зрение автора создает сверхсложную, многомерную красоту. Этот многоязычный, безграничный, прозрачный вавилон прекрасен, потому что целен, потому что все в нем рвется осязать, прикасаться, воплощать и перевоплощаться. Его язык изобретен душой и равен ей по сложности, и скорости, и силе.

Но вот книга прочитана и закрыта. Что же осталось? Солнце на внутренней стороне век и галлюцинаторные бельчата, которые, наверное, никогда не коснутся земли:

> Так ловкие бельчата
> Летят от елки к елке
> К ореху от ореха
> В те окна где потемки
> Лишь ядрышко для смеха

Остался бесконечный прыжок во тьме, продолжающийся полет: они должны, обязаны приземлиться, но в логике чуда — еще летят, беззаконно, невозможно, навеки.
Книга закрыта, а бельчата летят.

P. P.

* * *

Приходи садись сюда
Здесь удобно как тогда
Я налью тебе вина
Я с тобою не одна

Мы с тобою помолчим
Будто молча покричим
Ты уедешь и поверь
Будет плохо как теперь

Поскорее приезжай
Быль и небыль украшай
За собою помани
Плед мой желтый обними

* * *

Сквозь хрусталь по венам ледяного
Ветра просишь горестно шепча
Помни гром за изгородью слова
Помни удалого избача

Камешком опомнится весталка
Вздрогнут и мюрид и кусикянц
Станет рыться в ветоши гадалка
Осени обугленной том гланц

Все равно ни тая ни рифмуя
Ни сгорая штутгартским движком
Ты не догадаешься кому я
Полночь обналичила стишком

Знать бы хочет или захохочет
Или ты смеялся для меня
Или вновь четыре тома ночи
Именной запутыватель дня

* * *

Будет полно надеждам рассыпана соль земли
И поверим ладони отчаяния внемли
Будет осень живая серебряная во тьме
Как с тобой мы такого роста одной лишь мне

Ты напомнишь как падала в снежный тогда провал
Ты заметишь как появляются острова
Без тебя ты вернешься зимою и нужно мне
Рассказать тебе как все стало таким к зиме

Как иссох догола нас не помнящий бурый сад
Как заплыл будто лавой снегом сухой асфальт
Как раскрылись под утренним солнцем глаза мои
И увидели то что невидимо нам двоим

* * *

Как волны тоска набегает
И кружит как в поле метель
Вне дома кружить избегает
И падает мне на постель

И кажется бурей косматой
Которой она и была
Во тьме без вины виноватой
Как море добра или зла

* * *

Стеклянной рыбкою плывет
Над морем, словно самолет,
Воздушный сказочный трамвай,
Соединяя острова,
Растапливая лед.

И я согреюсь и засну,
И я щекой своей прильну
К твоим летящим волосам,
И к синим-синим небесам
Очей твоих скользну.

* * *

Мне бы уняться
Угомониться
С морем обняться
Пеной пролиться

И забывая
Чуда оборку
Петь раскрывая
Новую створку

Мне бы отмерить
Былью и сканью
Выжечь умерить
Пыл расстоянью

Между ценою
И вопрошаньем
Полно ли мною
Ты обожаем

* * *

Ни меня ни горя не боясь
Куцему желанию не вторя
Весело забрызгивает грязь
Белая оборочка прибоя

Как ни поспешай ни егози
Счастья заколдована заначка
Лишь иголка цокает вблизи
И в глубинке вертится собачка

Память воскрешает восстает
Пфыкает мечтает суеверит
Бьет хвостом как кот при чем тут кот
Без кота не верят не поверят

В легких одеяньях убегут
Сочинять поэмы на Гренаду
Ах какой запутавшийся путь
В старую-престарую шараду

* * *

Ты спишь как в озере весна
И голубая накипь сна
С тобой соперничает вплоть
До пробуждения земли
Когда так влажен чернозем
И воздух сдавливает грудь

И петь легко и сон объял
За былью быль за валом вал
Объял и сгинул вдалеке
В тумане в аэропорту
И рейс надежен и айфон
Надтреснут как сегодня я

Но я клянусь что в наши дни
Помедли вспыхни наводни
Переживаний сетку сбей
Так я клянусь мечтой своей
И наваждением клянусь
Что я вернусь и я вернусь

* * *

Такие светлые глаза
Что ты не сразу и поймешь
В них счастья светится слеза
Иль просто отражают дождь

И мне слышнее и нужней
Вот этот самый шум дождя
Который тянется за ней
За той слезою молодя

И так не старое лицо
С одной морщинкой выше глаз
Туман свивается в кольцо
Не существуя как рассказ

О легкой тени голубой
И ослепительном огне
Который вспыхивал тобой
В моих руках струясь в окне

* * *

Нет не парки нет не арки
У воды и над водой
Не открытки и подарки
Коломбине молодой

Лишь в полтона расстоянье
С полуслова на весу
Лишь вполголоса сиянье
Снова не произнесу

Снова горечь снова тяжесть
На неопытной душе
Фреска-память разбодяжит
Очарованно ушед

За каким таким богатством
Машет вышитый платок
Задыхаясь на тагальском
Про какой-то коготок

* * *

Как ни юли клокочи ни зги
Все не подать руки
Время махнуть на нее рукой
Снова придет покой

Вот он пришел наблюдает за
Тем как влажны глаза
От пребывания налегке
Вот он кладет букет

Стоит ли жить торопиться петь
Этот букварь терпеть
Смахивать струпья с небесных ран
Так говорил Иоанн

Или вернее так Сирин пел
Плакал кривил терпел
Соль океанов и пыль равнин
Время плохой раввин

Прыгает зайчиком по стене
Армстронгом по луне
Пишет письмо начинает чат
Ставит хэштэг #скучать

* * *

Втирая под кожу
Вопль-татуировку
О как же я брошу
Родную Европу

Моленье вопроса
Чернильную правду
Ничейная роза
И миру и граду

О сколько еще мне
Бугриться бояться
И словно ты щелок
Тобой растворяться

И видеть с востока
Лоскутную карту
Былого восторга
Как римляне Спарту

Но если ведома
Дыханием листьев
Останешься дома
Во сне моих писем

Витай надо мною
Воздушным трамваем
В котором весною
С тобой проплываем

* * *

Я смело начертила
На дымке предоконной
Что я не пошутила
Мы встретимся не скоро

Но скоро Новый год и
В пустой лакуне яркой
Ответ ко мне нисходит
Потерянным подарком

И пятьдесят девятой
Минутой уплывает
Ни в чем не виноватой
Ни в том что не бывает

Печали длится длится
Так тьма солнцестоянья
Ни в том что снится снится
Нам мука расстоянья

И вот я ею таю
На ребрышках стрельчатых
Я ею обладаю
Так ловкие бельчата

Летят от елки к елке
К ореху от ореха
В те окна где потемки
Лишь ядрышко для смеха

* * *

Может ослышка
Или не жалость
Этот мальчишка
Мне показалось

Ветер отмерит
Голь перекрестков
Выстрелят двери
Парой подростков

Девочка в шубке
Вроде японка
Набело зубки
Веточкой тонкой

Сердце наотмашь
Горе ли счастье
Или дремота
Жить настоящим

Надо ответить
Чтобы купиться
Выдюжить этим
Чтобы влюбиться

И если спросит
Прямо по-русски
Вымолвить осень
Не без нагрузки

Этого танца
Не вполнакала
Протуберанца
Коий взалкала

* * *

Остров последней минуты
Отложенного финала
Остров, где вдоль Моста 59-й улицы
Каждые четверть часа каждого дня —
Яростным утренним солнцем,
Над зеленой водой океана
Туманной ночью,
Когда через запотевшие стекла
Не видно великолепия цивилизации —
Ходит
Скользит
Летает
Воздушный трамвай
Неустанный труженик
Напоминающий об этой последней минуте
From Manhattan to Radio Island
From Radio Island to Manhattan
Взад-вперед
Строчкой за строчкой
Письма́ тебе

* * *

Что касается мечты
Даже время непонятно
Где же я и где же ты
Вместо времени лишь пятна

Так мечтал о нас Дали
Растекаясь по незнанью
Где зарница в полземли
Вопреки полусознанью

Имя сполохам надежд
Одиночеству не вторя
Именительный падеж
Горя горя горя горя

И пускай пускай пускай
Я и ты они лишь тайна
Тень жар-птица отпускай
В воздух воду вира майна

* * *

> Зорька-Зоренька-заря
> С Кирой-Кирочкой сестрой,
> Ничего не говоря,
> Танцевали под горой.
>
> Ирина Одоевцева

Без мерцания и благ
Отраженья и бумаг
Ничего не говоря
Молча кружится земля

Не танцуя под горой
Не почти его сестрой
Не сочти за наугад
Лету времени назад

Пенье в россыпи огней
Обольстительней чем в ней
В суматохе торжества
Где пленительны слова

Пневматички поутру
Что привез веселый грум
Белокур и синеглаз
Здесь кончается рассказ

* * *

Зови меня с собой
С правами ли без прав
Пока еще подбой
Достаточно кровав

Пока туманит взор
Зажженная свеча
Ветвится как узор
Ладони палача

Его холодных губ
Его бездонных глаз
Все преданней испуг
Все ближе смертный час

Все выше белый дым
Все глубже синева
Над черепом пустым
Все глуше как слова

* * *

Солнце встает над морем
И над пучиной снежной
Ослеплена прибоем
Окрылена надеждой

Клювом взрезая воздух
Легкая лодка мчится
Светом соленых звезд и
Горечью их лучится

Там в синеве тумана
Кто-то отдельно взятый
Взорами океана
Смотрит как на меня ты

И в облаках летящих
Слышит как прерывает
Ветер дыханье спящих
Смелые сны сбывает

* * *

Каким бы ни был твой язык
Мне скажет лучше слов
Исполненных словами книг
Прерывистый твой вздох

О чем мне в письмах говоришь
Сплетая сон из букв
Когда ты снова позвонишь
Я вновь услышу звук

Не то что голоса скорей
Дыхания и смех
Что из-под ровненьких бровей
Из-под закрытых век

Мне будет виден как слова
Которых в мире нет
Но если ты дохнешь едва
На них проступит свет

* * *

Не смочь приблизиться к огню
Пока не вспыхнул свет
Ты скажешь прямо я люблю
Поскольку ты поэт

Поскольку морок воплотить
Нам та еще стезя
Рождаться правдой течь и плыть
Нам можно но нельзя

И так течет во тьме огонь
Не может он не течь
Во тьмы огарок и загон
Так мученица речь

Течет сбывается и жжет
Навскидку как слова
Слова что жгут как яви шот
И навзничь голова

* * *

Увижу ль цеппелины в небесах
Зарницы ли Drouot в твоих глазах
И то и это так невероятно
Передо мной плывут цветные пятна

Так наши размахайчики в Москву
Все пятеро отплыли к одному
Поклоннику ломающему стулья
Ученый трутень выбрался из улья

И тушкою беспомощной угас
От чувства легкой зависти а нас
Вся эта гамма лиры не смущает
Волшебным вдохновеньем освещает

Вот как жар-птица сполохами пург
Над головой витает Гинденбург
Еще живой целехонький начальный
Эмпайр-стейт-билдинг мачтою причальной

Его к себе настойчиво манит
Она ему иголочка магнит
То пощекочет то кольнет небольно
И он летает весело и вольно

* * *

Снег летел как сумасшедший
Прямо с неба снизошедши
В небе места не нашедший
От тебя с ума сошедши

Несся бешено и таял
Растворяяся в реке
И казалось мне что тайна
Ожила в твоей руке

Две фигуры на снегу
Лепят беленьким снежком
Ты бежишь и я бегу
Падаю лежу ничком

На снегу а он идет
Прямо по снегу по мне
И в глазах моих плывет
Снег и ты идешь ко мне

* * *

Я в стекла белые глядела
Зимы я не похолодела
Зима наряды снежны носит
Но в них просвечивает осень

Так сквозь конверт цветет открытка
Переливаясь от избытка
Так опрокидывает пламень
Травинки перышко на камень

Жизнь будет выбелена легкой
Улыбкой высвечена пленкой
Находкой выхвачена сразу
Нежна ушам приятна глазу

Покоя обморок кромешный
Бред алый солнечный безгрешный
Как сон из-под открытых век
Как голос твой и первый снег

* * *

Ах танцуя и прыгая сбереги
И щепоть сжегшей сердце тоски
Упакуй сцементируй отправь top skill
Набери в четыре руки

Посмотри посветлели глаза ее
Временник обещает лед
Но вчерашняя вьюга еще поет
И тогда все еще улет

Проследи наваждение по часам
Словарям кушакам весам
Воздавай не почтение но tisane
Выпивай по глоточку за

И когда не окажешься никогда
Там где утром падет звезда
Продолжай очаровывай ибо да
Ритм хорош и хорош тогда

Где свободен стар мыслью на юнь мастак
Ведь когда-нибудь было так
Может просто забыла а боли лак
Превращает волю в кулак

Твердый сжатый отмерен что рамки те
Но камлание чистоте
Совершенной как бешеный раритет
Медленной как секстет

Языков и хвостов и прутков берез
Что там будет еще до слез
Если встретимся будет помимо грез
Тающих так всерьез

* * *

Наши лица меняет желание
И неважно какое название
Нежно тянется тонет в dasein и не
Называние значит касание

Сонно бережно толика завтрака
Этот день начинается запросто
Смех и воздух метафоры полые
Вознесение лебеди голуби

Я поверила в раму открытую
В невысокую речку забытую
Ту к которой не смела приблизиться
Только падала с ангельской низенькой

Башни ветра ли облака лестницы
Оставляя нам тени ли вестницы
Вспоминая ли облик утраченный
Совершенный совсем предназначенный

* * *

Из тишины из немоты
Туда где я туда где ты
Где ходит маятник родства
Твои слова мои слова

Из темноты из глубины
Туда где мы туда где сны
Под покрывалом языка
Где в строку падает строка

Из вышины из синевы
Из закруженья головы
Из ночи долгой как письмо
Как таковое как само

* * *

Утихла буря где боясь тепла
Лишь искрами рассыпавшись трамвая
В котором я молчание сожгла
Дыханью доверять не уставая

Сидела ночью снова у окна
И счастьем что нашла тебя смирялась
Водя ладонью по ребру стекла
И вспышка повторялась повторялось

Рождественской закалки волшебство
Чудес осенних скобочка цепочка
Ликующее нами торжество
Той livre d'or обложка оболочка

И ты ее волнуясь открывал
Смотрел на коленкоровую спину
И так мы шли сквозь первый перевал
На снежную холодную вершину

* * *

В тихом небе над Европой
Цеппелин летит огромный
Цеппелин совсем не страшный
Пролетает фьорды пашни

Забывая про фонемы
Там ему внимают хэмы
Ожидаючи рутины
Видят шведы смотрят финны

Он плывет совсем бесшумно
Без гондолы парашюта
Даже странно кто им правит
Кто коснется слова гравий

Он не сокол не синичка
Он готовая страничка
В букваре пустом небесном
Наваждении телесном

Он является без стука
Приземляется без звука
Посмотри и ты увидишь
Finnish swedish swedish finnish

* * *

Какой веселый нежный воздух
Как будто право счастья возглас
Как будто вымолили реки
Себя щепотку в человеке

А человек едва проснулся
От сна едва к себе вернулся
И тени резкие мелками
Ему себя нарисовали

И подчеркнули как в тетрадке
Одной забытой ленинградки
Мои летающие лодки
Твои волшебные находки

Ты привыкаешь не бояться
Я привыкаю удивляться
Бежать вдоль пристани ликуя
Еще не выдумав такую

Реальность чтобы создавалось
Шитье наотмашь чтоб сбывалась
Судьба похоже не о том врав
Что свежепойманный автограф

* * *

Зеркальным утром бесконечным
Прозрачным тающим беспечным
Когда осела пыль ночная
И поперек уже сплошная

Ты улыбнешься что осечка
Хрусталь рассвета словно свечка
Она никак не догорает
Лишь только музыка играет

И я забыв себя играю
Я догораю догораю
Уже не ведаю что выше
Что веселее тьмее тише

Один лишь морок безупречный
И я надеюсь вечный вечный
Один по-прежнему со мною
И я во сне его укрою

Его спасу укутав чатом
Пускай он вспомнит как бельчата
Летели капельками соли
Чуть розоватые спросонья

* * *

Небесным головокруженьем
Упавшим в омут отраженьем
Моей любви разноголосой
Шуршаньем девятиполосной

Дороги весело и нервно
Летит сбывается наверно
Объект неведомый скользящий
Совсем-совсем ненастоящий

Как эфемера или слоган
За шкирку схвачен каталогом
Коллекционен и описан
Послушно рея над карнизом

Не претендуя на лояльность
Блистательность и уникальность
Назойливо не окружая
Лишь незаметно утешая

Смеша самим подспудным фактом
Распавшись в клочья словно атом
Перерожден нелеп бессмертен
Летит летит гонимый ветром

Dahin dahin где виден хвостик
Взбирающегося на мостик
В пожаре облачной завесы
Туда где мечутся ципрессы

Туда где плавятся цитроны
В бреду труда и обороны
Где робкой нежностью обласкан
Толмач одергивает лацкан

Где тишина ночного мира
Есть лодка радиоэфира
Ее качает и качает
Бог весть куда она причалит

Так и объект что неопознан
Себя поверил только звездам
Как одиноки как их мало
Гляди одна из них упала

* * *

Пусть заверзнется гром
Не развяжешь узлом
Ядовитым пером
Анонимным письмом

Той дистанции блеск
И морей легкий плеск
Где так принято ждать
И брокат вечный ткать

И взбираться на холм
Где взволнован и полн
Если можно сказать
Дум опять двадцать пять

Обмирает в ночи
В сто четыре свечи
В двести восемь огней
Тот кто гнался за ней

За любовью мечтой
Ослепительной той
Видишь я не боюсь
Говорить как я льюсь

Проливаюсь пока
Тьмы пылает бокал
Твой распахнут журнал
И тебе я нужна

* * *

И вот прореха тает
Но не вновь
Как вера как контакт и
Как любовь

Последняя не тает
Но не там
Где прошлое алкает
По следам

Разверзнись вспыхни чатом
Воспари
В том мире непочатом
Сон внутри

Ответственность надежды
Что же в нем
Смежаемые вежды
Хоть углем

Начертаны наотмашь
Полон мир
Мерцающий что отож
О эфир

Но я тебя молила
Неспроста
Помехами фонила
Несыта

Где видим ворох алый
Но не мной
Божественный бывалый
Записной

В окне наискосок где
Зов и грусть
И эстимейт высок де
Ну и пусть

* * *

Через моря полечу вчера,
Чтобы забыть полет.
Там подтверждением — не игра —
Имя твое мелькнет.

За́мком ли на — им полна — песке,
Вечном и золотом,
Спелой волной на крутой доске —
Ветер горит о том.

О расстоянии — где прельщать
Будущим не с руки,
Где только боги могли прощать
За наготу тоски.

И, если спрашивать, почему
Очарованье длит
Время, которому ни к чему
Пение аонид,

Если оглядываться на ту
Радугу в октябре,
Если поверить в одну мечту
На молодом одре,

Если Нью-Йорк, Петербург, Париж,
Ницца, Москва, Берлин,
Тьма, для которой горишь, горишь,
Молишь: верни, верни

Имя, которое сжег прилив —
Просто вода взяла,
Вдруг присмотревшись и полюбив
И растворив дотла.

* * *

Пусть этот рай наконец придет —
Выдержу ли хоть миг?
Что́ откровение, что́ полет
Перед тюрьмой улик.

Помни, я буду идти по дну —
Или ко дну идти.
Но я не ведала ни одну
Волю — меня прости.

Буду лететь, огибая тень
Птицы на том песке,
Где побоялась ступить за тем,
С кем я была ни с кем.

«Но, если истина есть "люблю",
Облако вспомнит свет
В этом кромешно пустом раю», —
Новый изрек поэт.

* * *

Во мне рождение плывет
Как празднество прекрасных вод
Оно копирует меня
Возможно это западня

Провал в котором я лишусь
Того к чему не отношусь
Тень акустической волны
Сюжет повторной глубины

Скажи насколько в мире есть
Сторожевая эта взвесь
Очарованья торжества
Где так волнительны слова

И неразрезан счастья том
Того гляди махнет хвостом
Спадет как волны Мартено
Где в подоплеке водяной

День бытия уступит всем
Былым поборникам систем
И нет меня и есть порыв
Перерождения игры

* * *

Где все колышется волнуется
К самой себе себя ревнуется
Не расстается не прощается
К тебе стремится воплощается

Как в сказках те иван-царевичи
Что молодеючи стареючи
Жар-птицу выкогтили таючи
В самих себе себя играючи

Ослеплены произошедшими
Перерождениями шедшими
Попарно тучей образцовою
Слепой повадкой близнецовою

Права ли буду лишь касаясь их
То похищением красавицы
Улыбкой в губ углах таящейся
То возвращеньем настоящего

Из тьмы берлинского промозглого
Прямохождения надзвездного
То суматохи то мучения
Обворожения прощения

* * *

Желание все солнечней и ближе
Дыхание мое все тише тише
Все бережнее словно та награда
Которой увенчается шарада

Сегодня мне глаза твои явились
Они мне снились снились снились снились
Они цвели в тропических пейзажах
От них темнело в сердце словно сажа

Прямое порождение сгоранья
Впивается и жаждет умиранья
Печь высохла ни искры не осталось
Но пламя стало голосом впиталось

Любимым сновиденьем жить умею
И мне неважно что случится с нею
Чешуйкой пепла вейся отдавайся
Кружись за ней в беспомощности вальсе

Закатным солнцем в верхней из Америк
Где лодочка торопится на берег
Дыша волнуясь сон не узнавая
То вниз то вверх спасенная живая

* * *

Мне хочется умыть морской водой
Мое разгоряченное лицо
И вспыхнуть этой солью молодой
Пульсируя в ладонях как Грифцов

И вдоль прибоя медленно пройти
Ракушки что те желуди собрав
Утраченную память укротив
Крючком волны волну переиграв

Но море все волнуется как то
Чему песчаный берег нипочем
Ему не по плечу ни сон Ватто
Ни белый ломкий парус за плечом

Сияющий преступный или не
Поскрипывающий как птичья кость
Чья птица в этом тянущемся сне
Бросается как будто наискось

В бездонный аметист сапфир берилл
В конце концов чистейший изумруд
Горячих ослепительнейших крыл
Так падает не брызгами на грудь

Но тает кожа облака и так
Рождается вращение планет
И кружится планетою пятак
Вобравший все земные соль и свет

* * *

Меня обворожает чистота
Что юная холодная мечта
Что мудрая беспамятная голь
Блаженный вытрезвляющий люголь

Возлюбленная крепость на песках
Она падет покорна и мягка
Уже по сути пала и лежит
Смеется и легонечко дрожит

Так вот о чистоте укушен вплоть
До тающих во тьме ее ломоть
До тянущих уловы рыбарей
Лови ее подольше бы скорей

Восхоль ее воспой и увлеки
Тогда убережешься от тоски
Что не переставая быть тоской
В облатке растворяется морской

И вновь о чистоте верней о тех
Носителях ее что есть и смех
И грех и одержимость и огонь
И полностью исчезнувший дюгонь

Во всей его красе возможных ласт
Мерцающий нетонущий балласт
Единственной на свете чистоты
Которая поверишь ли есть ты

* * *

В дыме облака густого
Я читаю А. Хвостова
Я живу на косогоре
Подо мной вздыхает море

Предо мной его прекрасный
Блеск сиреневый атласный
Я светило зрю дневное
Золотое наливное

Изменяя небосводы
Веют дутики уроды
А Хвостов меня голубит
Так же таки оды лупит

Я лечу в пучину арий
Да простит меня викарий
Да помогут мне колибри
Что порхают как верлибры

О горячих нежных письмах
О зеленых летних листьях
И о снежно-белой птице
Что торопится напиться

Из глубокого бассейна
Где текут Нева и Сена
Где нам море по колено
И опять вскипает пена

* * *

Завтра из этого лета
В зиму к тебе улечу
Вот половинка билета
Ею полет оплачу

Вот уже меньше осталось
Суток и снова жива
Здесь темнота и усталость
Там лишь где ты синева

Вот по небесному краю
Облако-панда плывет
Память со мною играет
Видеть его не дает

Перед глазами другие
Звери идут облака
Зимние и городские
Как их походка мягка

Первое летнее счастье
О возвращенье зимы
Лето скорей превращайся
В зиму где встретимся мы

И будто этого мало
Счастья на небе цвела
Радуга в море упала
Или из моря росла

* * *

В белый сон океан белый морок и дым
Корабли уплывают один за другим
И не слышится с палубы крика земля
Лишь морская вода лишь корма корабля

Над водой оголтелые чайки летят
Приплывай поскорей возвращайся назад
Я прямую дорогу тебе укажу
Что вернулся ко мне никому не скажу

Не скажу что был долог и бережен путь
Что пора бы найтись и пора отдохнуть
Показать чем была и чем стала сама
Кружевная зеркальная тема письма

Как мотало ее вдоль неведомых стран
Как осклабился верящий в боль океан
Как разбила ракушку играя волна
Что впервые в истории моря верна

И зачем быть неверной когда налицо
Извините за рифму такое лицо
И улыбка глаза и волос завитки
Корабли опадают как те лепестки

Розы белой стремящейся выпасть из рук
Будто розу грызет первозданный паук
Ускользающий солнечный волк огневой
Если верить в него свисты трески и вой

Не смутят никого кроме смуты родства
И смущенного этим родством Рождества
Если можно представить что можно любить
Перед тем как простить перед тем как уплыть

* * *

Выйти на дорогу
Ждать тебя как хлеба
Видеть понемногу
Голубеет небо

Верить улыбаться
Словно бы некстати
Словно подниматься
На аэростате

Имени роскошной
Той радиобашни
Радоваться сложно
Мучиться нестрашно

Благо есть одежа
И ее напялим
Инда побредем же
Окуня навялим

Зиму переможем
А запас словарный
Если и не сложем
Пусть он будет парный

Выношенный люто
Вырванный с лихвою
Как велел Малюта
В омут с головою

* * *

Мне бы еще взметнуть
Вспенить я словно ртуть
Или вернуться и
Вымолвить да люби

Или еще сиять
Будто наполнить вспять
И воплотиться там
Крадучись по пятам

Ночи неумолим
Протуберанец нимб
Ранцем в конце концов
Полным огня и слов

Впасть в мировую тьму
Бережно самому
Утром не верить сон
Не с четырех сторон

Снова недосказал
День кутерьма вокзал
Сталинские дома
Гарлем сойти с ума

И проводить тебя
Тая горя скорбя
И не посметь сказать
И не поцеловать

* * *

Когда не в поисках спасенья
Суд еретический вершу
Чернее Рурского бассейна
Над пустотою ворожу

Тогда входи садись как было
Всего лишь десять дней назад
Я письма старые открыла
Чей неизвестен адресат

Там в ожиданье дирижабля
Аэростат залит вином
Не разрушается шар Шарля
И выживают двое в нем

Достичь пытаются Европы
В шикарных куртках летуны
Так память дергает за стропы
Огонь касается струны

Без кислорода задыхаясь
Ища ненужные слова
Все восходя и не пугаясь
Что нарастает синева

* * *

Весна подглядывает сны,
Идет, и мы с тобой пойдем
Тем дуновением весны,
Воздушно-капельным путем.

Мы превратимся в зимний дождь,
В узор на окнах, робкий снег —
Белее длиннорунных кож,
Темнее изгороди век, —

В переплетенье торжества
Одной весны в одной стране,
И те веселые слова,
Что не слова еще вполне,

Сказать окажется легко,
Ведь можно просто подглядеть,
Как, оказавшийся влеком
Весенним днем, весенний день

С ним шел и за руку держал
Все крепче — будто бы хотел,
Чтоб тот Жиффара дирижабль
Из сети ввысь не улетел.

* * *

«Что происходит с цеппелином,
Который падает на дно?
Сумел ли он остаться длинным,
Не расплескалось ли вино,

Не растворились ли понятья
Порядка, правды, красоты,
Те кружева невероятья
Нерукотворной чистоты,

В соленом мареве громадном?» —
Так спросит Александр Злин,
Когда окажутся не адом
Сны наяву, и цеппелин,

Дно окопавший океана,
Объемлет лаву пустоты,
Что в ресторане «Марь Иванна»
Не подтвердили бы, но ты —

Умен, начитан, безупречен,
Привычен с чистого листа
День начинать, и день (о, печень)
Да не начнется неспроста,

Где, отдыхаючи в овине,
Как у причала корабли —
Бы встосковал о пуповине
Былых горстей родной земли?

Все это тайна. Тайна тает
Во взмахе нового серпа,
И будоражит, и пугает, —
Так молодая молотьба

Округла, словно борсалино,
Надетый строго набекрень,
И пафос Александра Злина
Не превращается в мигрень,

А утихает. Утихают
Парижской ночи гаммы лир,
Ночь холодна, темна, тиха и
Чуть колыхает ковыли,

И округ спит, и заводь льется,
Молчат эфирные друзья,
И ничего не остается,
Как сонно вымолвить: нельзя

Назвать желанное желанным.
День прожит. Ночь обворожит
Смирением небесталанным.
И цеппелин на дне лежит.

* * *

Так погибает эфир
Слова прогорклым вином
Если бы выдумать мир
Где мы поем заодно

Где кутерьмою фонем
Прянула вскоре спасла
Твой удивительный мем
Прямоугольник письма

Я эту новую прыть
Нонеча вчуже ценю
Прерванный голос укрыть
Утром сама оброню

Или шерстину с хвоста
Или кусочек каймы
Этих пролетов моста
Будучи взята взаймы

Или же взята в полон
И наконец обретя
Правду идолопоклон
Ничества рифмой бредя

Так поиграет с окном
Веры тоски красоты
Русские буквы на нем
Дольше всех выдышит ты

* * *

Когда идет во тьму
Огонь неутолим
Ты вспомнишь почему
Так истинно любим

Расстрелян из бойниц
О сбывшийся макабр
Разрядами зарниц
Наполненный декабрь

И я в руке огонь
Вещественный держу
Тем солнечным арго
Что Тесла ворожу

Мерцая в полумгле
Рождественского да
Почти являя тлен
Где до мольбы всегда

Осталось полчаса
Отмеренной земли
И тает полоса
Последнего внемли

* * *

Какое наслаждение курить
Курить и неумолчно говорить
О бережной восторженной весне
Что ныне разгорается во мне

Куря ты можешь даже не писать
Не помнить о реальности не знать
Что ждет тебя за времени косой
За взлетной первозданной полосой

Ты соткан весь из музыки она
Лукава и немножечко пьяна
И тоже неспособна рассказать
О том чего несложно избежать

Но если я вернусь как пламя то
К тому краеугольному пальто
Прими меня вовне снопами искр
Что память преломляющий мениск

Запомнил распростер не досказал
Двух слов во наущенье не связал
Но сполох приаттачил к стебельку
Как музыку к забытому свистку

* * *

Касаясь ладони
Пушинками фетра
Свобода утонет
Порывами ветра

Что шляпы срывает
На Пятом проспекте
И тьму разрывает
В подсолнечном спектре

И верная осень
Сияньем лучится
Что жерновом оземь
Однажды промчится

Коснувшись изнанкой
Бархо́тного меха
Любви несознанкой
И волей успеха

* * *

Дым что исходит из трубы
Есть снисхождение судьбы
И может быть сама судьба
Есть эта самая труба

В которой вязнет трубочист
И усыхая словно лист
Уподобляется река
Лентикулярным облакам

Что не летят и не плывут
Подобно полчищам минут
Но состоят из них самих
И самолету в центре их

Легко кружиться и витать
Сияньем солнечным питать
Белесой дымкой мягкий свет
Гостиной утренней где в плед

Я завернувшись как брамин
Включу ютюбовский камин
Горит потрескивая он
И наберу твой телефон

* * *

Где этот огонь
Обжигает ладонь
Как будто он боль
За которой воспой

Ее и тебя
Пуще облака тех
Цепочек гребя
Не к роскошеству вех

Но выбелив вспять
Торжество немоты
Где смела объять
И пучину тщеты

И празднество тем
За которым росла
Неведомо где
Увертюра родства

И радуясь я
Совершенства блюду
Канву бытия
В послерайском саду

Где полон огнем
Мир сгорает неся
Смиренья объем
И надежды что вся

Таки занялась
Засмотревшись на то
Судьба или связь
Аутлётным пальто

* * *

Дрожанием ресниц
В поденном янтаре
Мы сниться будем ниц
И облак скажет мне

Попробуй воплотить
Не правду но меня
И пением укрыть
Восторженным звеня

Любуясь не собой
Лишь радугой во тьме
И пеной голубой
Но пламя скажет мне

Иди ликуй во сне
Как было ликовал
Смирением вовне
И празднеством зеркал

Защечный абсолют
Экстаза и всего
Что тщась вдыхают пьют
Не зря ни одного

Закона волшебства
Открытого для нас
Предела вещества
О чем веду рассказ

* * *

Корешок реставрирован клейкою пленкою
Взмычан еле ходящею русской буренкою
Оскопленно низвергнут морфемой грядущего
И взлелеян отверткой господнего сущего

Титул вянет украшенный пегими ятями
Обозреть его выточить выдохнуть вспять ими
Ниц ли пасть в пелене ли самодовления
Куража самоедского что не вполне не я

Все одно пусть печатано первым тиснением
Уничтожено авторским неиждивением
Распростерто любезным прыжком петроградского
Записного жеманства и веной ї кратного

По которой течет дорогая кровинушка
Голубая волшебная чудо-картиночка
Где смеются взахлеб те кто понял и выстоял
И друг другу родное смехачество высказал

Уцелев между парой обложек изысканных
Экземпляром устав навсегда но и выстрелив
Идеальным пространством от времени спасшимся
На которое мы вне бумаги отважимся

* * *

Мы все время совпадаем
Ни за что не угадаем
Кто натягивает снасти
Чтобы наново совпасть им

Вот смотри звезда упала
С метеорами совпала
Отраженными ночными
Неземными неродными

Так две лопасти не боле
Совпадают в авионе
Так струится птичий щебет
Совпадающий с прощеньем

Маскулинным аккуратным
Что в гортани виноградным
Белым золотом трепещет
Совпаденью рукоплещет

Так в лесу завороженном
Бродят ежик с медвежонком
Зуб на зуб не попадая
Совпадая
Совпадая

* * *

Поющая крупнозернистая Zoll
Равна превращению в русскую соль
И в пении этом округло важна
Оттенку забвенья которым грешна

Прикушена сном что расплавился в смех
Щепоткой былого в потерянных тех
Кто юркой облаткой смеялся любил
Тянулся к закрылкам безбашен бескрыл

Оплавлен каймой умолчания пусть
Рождается пламя само наизусть
И пышет украдкой прядет ибо прясть
Не то же что соли царевну украсть

Отважившись с нею лететь подпустив
Холодный размеренный то ли мотив
Повторного зимнего пения то ль
И это заметь не ночной алкоголь

А просто двоится дыханием свет
Распавшийся на обращенье планет
Нерусских ли русских один коленкор
Гляди продолжается наш разговор

В котором упрямый рассвета жираф
Дивится как полно сбывается граф
Подсоленный шелестом пряных маслин
Земляк твой небесный в миру Zeppelin

* * *

Сегодня я вышла на улицу
Утром
После бессонной ночи
Ночи когда я никак не могла уснуть
Телефон все вспыхивал и вспыхивал
Твоими мессиджами
И мне это было так приятно
Что я старалась не спать все дольше и дольше
И старалась ответить тебе
Как можно более увлекательно и талантливо
Радость была такой сильной
Что это было почти мучение
Какой уж тут сон
Ни в одном глазу
Тем временем рассвело
И я вспомнила
Вернее поняла очень важную вещь
Твои глаза похожи на сердцебиение
Взгляд
Он мерцает пульсирует движется переливается
В то время как ты просто смотришь
О абсолют бездействия недеяния
Празднество
Чудо смысла
Никогда такого не видела
Как и сердцебиения

Сердца ведь тоже никогда не видела
И не увижу
Очемерцание
Редчужина
Так наступило утро
Взошло солнце
Я выбрала самую некрасивую свою одежду
Серый пуховик глупую шапку вязаные перчатки
Все то что ты не видел и не увидишь
Вышла на улицу
Перед выходом постояла у лифта
Шел мелкий снег
Хотела сфотографировать для тебя
Вид
Все же снег
Ты кажется любишь снег
Но камера шла вспышками
Что тут сказать
Спустилась
Ветер
Как и всегда когда выхожу на улицу
Швыряет в лицо осколки вечерней смеси
Перегоревшей боли тоски ненужности
Сегодня особенно остро
Готовясь к вечерней вьюге
Весь город замер
И я шагала
Чувствуя себя так

Будто
Будь я гражданином мира
Я еду в аэропорт
Улетаю навстречу жизни
Жизнь уже есть
В этом сером тревожном воздухе
В натяжении океана
В планшетах кафе Ньюарка
Позволяющих полностью исключить
Роскошь человеческого общения
В антимечте
Вскрике прохожего
Ай лайк юр кот
Вопросе прохожей
Э нет это надо по-русски
Девушка не подскажете
Во сколько конкретно сегодня пойдет снег

* * *

Вот миг где снег почти пошел
Впиваясь капельками в зол
Из двух прекраснейшее то
Вдвойне любимое пальто

Что выбрать меньшее спустя
Осколком голоса хрустя
Не позволяет ткань письма
Где снегом вышиты слова

И чтоб не таять на лету
Сберечь живую чистоту
Телосложенье волховства
Как умудряется листва

Сном прорастая сквозь кору
Метать весеннюю икру
И опрокидывать себя
Подножьем ветреным свербя

Миг восхожденья уловив
В сплошном зиянии поплыв
Ты руку небу подаешь
И словно снег идешь идешь

* * *

Как дирижабль стрела летит
Бессонной дымчатой порой
Цель не преследует петит
А только тает словно рой

Сумасводящего коснись
Опустошенного могла
И ночь бросается не вниз
Строкой где та батуала

Все бродит будто виноград
Не в силах пламя сохранить
Но заговаривая прах
Что сверхтитановая нить

Она уверенно взвилась
Волнистой сталью голубой
И множа свет сбылась сбылась
Как мы сбываемся с тобой

И наважденье рококо
Барокко золота восторг
Поет лучится высоко
Где тлеет солнца лепесток

В стеклянном неба янтаре
Бездонном радости клише
Всем том чем кажемся стреле
Уткнувшейся в причальный шест

* * *

Может быть тая пьянящим мартом
Может взлетая смешным азартом
То ли боясь катастрофы то ли
Выдышав уголь любимой штольни

Я продлеваю ту радость плача
По цеппелинам в пылу удачи
Мира несбывшегося такого
Перед которым реальность снова

Меркнет мерцает как мы мерцаем
Неприкасаем неприкасаем
Миг где касаются наважденья
Где задыхаются от вращенья

Мельницы истины сплошь воронки
Сумасводящей скороговорки
Счастья которой так долго вьемся
Мы разберемся да разберемся

* * *

В час когда уезжал промелькнула тень
Оставалось побыть вдвоем
Был такой же тревожный туманный день
С начинающимся дождем

Города наполняют небесный свод
Сталью камнем стеклом огнем
Роща радиобашен растет растет
Сквозь сплошных облаков объем

И не вспомнить ни голоса ни лица
Память бредит горячим сном
Уплывает летит как с цветов пыльца
Превращаясь в снег за окном

* * *

Пока ты едешь в тишине
Еловой готики равнин
Снег дышит волнами на дне
Шкатулки голоса раним

Исхожен утренних шагов
Канвой помехами темня
Напоминаешь очагов
Тепло вот наискось ремня

Тебя схватила полоса
Взяла в охапку и тогда
Ты так сияешь словно сам
Есть невзошедшая звезда

Тот свет которому сиять
Неважно где и важно с кем
Который помнит рукоять
Круговращения систем

Допустим солнечных и пусть
Они двоятся на излет
Твердя сугробы наизусть
Вагонных окон для отсчет

Прикосновением к стеклу
Тумана облачком на нем
В холодном поезда углу
Нем будто снега окоем

* * *

Зима тебя встречает
Весна тебя не слышит
Вином не угощает
Письмо тебе не пишет

Ты движешься в рутине
Невспыхивавшей спички
В немой кинокартине
Вагона электрички

Вдоль рельсов столько снега
Не обхватить руками
И замело все небо
Густыми облаками

Их ласточками грома
Латают гибеллины
По ним как по сугробам
Шагают цеппелины

Ты вздрагиваешь прячась
Вздыхаешь просыпаясь
Уже ненастоящей
Печали улыбаясь

Любя ее как песню
Чей голос безупречен
Так снегу в небе тесно
И он идет навстречу

* * *

Будто ты в небе летящий облак
Моя душа приняла твой облик
Думает с легким твоим акцентом
Богатеет с каждым потерянным центом
Ходит одна по Нью-Йорку в холод
Чувствует волчий весенний голод

Я объяснить не могу иначе
То что живого тебя я прячу
Ты так отчетливо мнишься рядом
Снимаешь очки полыхаешь взглядом
Нежный веселый тревожный хрупкий
Впитанный памяти жадной губкой

Я обожаю тебя за это
Облако в левой горсти планеты
Эту неделю в одном пространстве
Зимнем забытом его убранстве
Чистом как эта кора березы
Эта улыбка и эти слезы

Так что лети никого не слушай
Пусть невозможно увидеть душу
Что воплотилось то и не вспомнят
Воображение все исполнит
Так заживает подсохнув ранка
Ставшая шрамом иного ранга

* * *

Не встретились ну так что ж
Ты рядом со мной всегда
На память мою умножь
Мечту что вела тогда

К заоблачной высоте
Ее не остановить
К ней вечно стремятся те
Кто выпустил эту нить

Но я вспоминаю взгляд
И в счастье его тону
Так звезды во тьме горят
Так лодка идет ко дну

Так в небе что тот рассвет
Рождается самолет
Которому машешь вслед
И он набирает ход

* * *

Вот это сердце оно все вздыхает ждет
Будет еще одна ночь и она пройдет
Канет в туман вспоминая как было там
Где мы ступали по райским и злым цветам

С легким акцентом по-прежнему говорю
Дань отдавая минувшему январю
В слове купаясь что выцветший воробей
Общих и все еще ярких ночных кровей

Жизнь начинается с осени где в окне
Выдышан мною был знак в ледяном огне
Буква округлая имени твоего
Тень идеально-подробнейшая всего

Я принимаю сегодня в цвету весну
Не куража не угара я верю сну
Радости чуда и да теплоте руки
Взятой во сне из моей в глубину тоски

Может любовь она просто голодный зверь
В брошенный дом открывается лапой дверь
Нос ощущает холодную плоть огня
Глаз освещает простершуюся меня

Неутолима как вечная соль волны
В противоборстве с молчанием глубины
Или мычанием вдоволь же глоссолить
Будет позволено просто заговорить

Так примагничена племенем сигарет
В сталь заключенных не верящих что есть свет
Я побывала в наполненном мукой здесь
Да был огонь и вышел еще не весь

Вижу мучительно вьется что волос твой
Пепельный милый нетронутый но живой
Голос которым я падала в тьму письма
Ныне запретный язык и его тесьма

Есть ослепительный узел сплетенье вех
Сердце пульсирует в нем это человек
Ткани возгонка во тьме мириада слов
К коим он сам возможно что не готов

Но тем не менее пышет горит скорбит
С морем рифмует движение аонид
Влево и вправо и вверх и конечно вниз
Или его привлекает мечты карниз

Или его очаровывает тот жест
Что восходя мановением сна исчез
Это когда ты протягиваешь ладонь
Видя ответом является нет не хтонь

А обнаженное сердце вне смут и схем
Вне увлеченных исхоженностью фонем
Просто биение ангела крыл его
Почерк полета молчание волшебство

* * *

Любовь моя как дверь
В дом брошенный забытый
Там жил когда-то зверь
Беспомощный убитый

Любовь моя как шар
Молчанием надутый
Упавший дирижабль
С обрывками батута

Любовь моя как снег
Окраинный до мая
В нем чей-то человек
Бредет не уставая

Любовь моя как сон
Не вспомнить не поправить
Подстриженный газон
Где снова выжгли память

Любовь моя как ложь
Возросшая стократно
От слов которым грош
Цена в которых правда

* * *

Когда опрокинутся вспять
Слова из пустой горловины
Ты снова захочешь летать
Мой ангел мой мальчик любимый

Тогда окуная бокал
В родную горячую влагу
С осколками тьмы по бокам
Ты выплеснешь эту отвагу

Которую я отняла
У звездного неба у солнца
И чаше сполна отдала
Сухого отныне колодца

Где все эти наши стихи
Дней наших веселые стаи
Где синие глаз лепестки
Твои для меня расцветали

Тебя обожая и в плоть
Бесплотной надежды влюбляя
Лишь муку сумев измолоть
Целуя тебя окрыляя

Всем голосом вняв всей собой
Впитав тебя пахотной нивой
Взойдя сорняком как судьбой
Ненужной смешной и счастливой

* * *

Мое горе кораллом на дне лежит
Охраняют его морские ежи
Разноцветные рыбки шныряют вдоль
Оставайся навек в глубине моя боль

Но не жалко ли мне расставаться с ней
Ведь могло бы стать мне еще больней
Еще смелее в объятьях сжав
Черные иглы-лучи ежа

Нет совсем отпускаю ее ничуть
Погрузившись вполне в окруженье чуд
И от памяти спасшись едва-едва
Отпускаю лети мой смешной рыдван

* * *

Улетая последним же самолетом
Уплывая первым же кораблем
Забываем кем был когда-то кто там
Возникаем снова мы раз живем

Жить болезненно горько да что там просто
Просто больно но мы уплетаем всласть
Этот пахнущий горьким шоколадом остров
Где весенняя вечность за нас взялась

Мы прервавшие вспышки зарниц цепочки
Мы швырнувшие нас сгоряча на дно
Закупорившие нас в пустые бочки
Как бы мы ни старались мы есть звено

Чудо смысла ого стыд огонь и правда
Две слезы в темноте на одно лицо
Два флажка с небурятского хит-парада
Пополам неразрубленное кольцо

* * *

Сегодня холодно и томно
Туманно и невероятно
Как те узоры на ладони
И вновь плывут цветные пятна

И вновь меня переживает
То для чего пережила я
И все узоры оживают
И жизнь по-прежнему живая

* * *

Нас осень за руки возьмет
И уведет переплывет
Туда где небо и холмы
Где мы становимся не мы

Где я в потемках говорю
Тебе что я тебя люблю
Люблю давно и осень мне
Ветвями машет в вышине

И ветви сходятся в кольцо
Когда во тьме твое лицо
В них возникает и горит
Так обрывается болид

Так дышит реками земля
Пока на ней есть ты и я
И осень есть и есть мольба
И ты судьба и я судьба

* * *

Видеть бы без конца
Тень твоего лица
Эту твою черту
В зеркале или ту

Вот облака в окне
Слов вороха в огне
Волоком волокут
Пламень небесный ткут

Этим бесшовным швом
Всем твоим существом
Видеть меня нигде
Перышки на воде

* * *

День идет с оглядкой
Над его тетрадкой
Над его огромным
Озером укромным

Над земной тревогой
Над его дорогой
Над его спасеньем
Новым воскресеньем

Над любви словами
И над островами
Что мне снова снятся
Чуда не боятся

* * *

Целый день в окнах плавают корабли
Зовут за собой уплыви плыви
Скорее со мной но я не спешу
Я только лишь вслед кораблям машу

Рождается снова голубизна
И даль как была холодна ясна
И там за рекой где сегодня ты
Земное начало берут мосты

Пускай разделяет нас хоть река
Раз весь океан обмелел пока
Развязаны времени пояса
Одни облака видят наши глаза

Одни беззаконные корабли
Касаются взглядов твоих и моих
Как будто мы ими играем в мяч
Солнца и он не утонет зряч

* * *

Снова за морем ты за морем
За лучистым белым остовом
Молодым далеким островом
Высоко растущим заревом

Посмотри как небо светится
Посмотри как солнце катится
В линзе телескопа плавится
В этот день в который встретимся

СОДЕРЖАНИЕ

Екатерина Боярских.
«За взлетной первозданной полосой» 5

«Приходи садись сюда...» 11
«Сквозь хрусталь по венам ледяного...» 12
«Будет полно надеждам рассыпана соль земли...» 13
«Как волны тоска набегает...» 14
«Стеклянной рыбкою плывет...» 15
«Мне бы уняться...» 16
«Ни меня ни горя не боясь...» 17
«Ты спишь как в озере весна...» 18
«Такие светлые глаза...» 19
«Нет не парки нет не арки...» 20
«Как ни юли клокочи ни зги...» 21
«Втирая под кожу...» 22
«Я смело начертила...» 24
«Может ослышка...» 26
«Остров последней минуты...» 28
«Что касается мечты...» 29
«Без мерцания и благ...» 30
«Зови меня с собой...» 31
«Солнце встает над морем...» 32
«Каким бы ни был твой язык...» 33
«Не смочь приблизиться к огню...» 34
«Увижу ль цеппелины в небесах...» 35
«Снег летел как сумасшедший...» 36
«Я в стекла белые глядела...» 37
«Ах танцуя и прыгая сбереги...» 38

«Наши лица меняет желание…»	40
«Из тишины из немоты…»	41
«Утихла буря где боясь тепла…»	42
«В тихом небе над Европой…»	43
«Какой веселый нежный воздух…»	44
«Зеркальным утром бесконечным…»	45
«Небесным головокруженьем…»	46
«Пусть заверзнется гром…»	48
«И вот прореха тает…»	50
«Через моря полечу вчера…»	52
«Пусть этот рай наконец придет…»	54
«Во мне рождение плывет…»	55
«Где все колышется волнуется…»	56
«Желание все солнечней и ближе…»	57
«Мне хочется умыть морской водой…»	58
«Меня обворожает чистота…»	60
«В дыме облака густого…»	62
«Завтра из этого лета…»	64
«В белый сон океан белый морок и дым…»	66
«Выйти на дорогу…»	68
«Мне бы еще взметнуть…»	70
«Когда не в поисках спасенья…»	72
«Весна подглядывает сны…»	73
«"Что происходит с цеппелином…"»	74
«Так погибает эфир…»	76
«Когда идет во тьму…»	78
«Какое наслаждение курить…»	79
«Касаясь ладони…»	80
«Дым что исходит из трубы…»	81
«Где этот огонь…»	82
«Дрожанием ресниц…»	84
«Корешок реставрирован клейкою пленкою…»	86

«Мы все время совпадаем...» 87
«Поющая крупнозернистая Zoll...» 88
«Сегодня я вышла на улицу...» 90
«Вот миг где снег почти пошел...» 93
«Как дирижабль стрела летит...» 94
«Может быть тая пьянящим мартом...» 96
«В час когда уезжал промелькнула тень...» 97
«Пока ты едешь в тишине...» 98
«Зима тебя встречает...» 100
«Будто ты в небе летящий облак...» 102
«Не встретились ну так что ж...» 103
«Вот это сердце оно все вздыхает ждет...» 104
«Любовь моя как дверь...» 107
«Когда опрокинутся вспять...» 108
«Мое горе кораллом на дне лежит...» 110
«Улетая последним же самолетом...» 111
«Сегодня холодно и томно...» 112
«Нас осень за руки возьмет...» 113
«Видеть бы без конца...» 114
«День идет с оглядкой...» 115
«Целый день в окнах плавают корабли...» 116
«Снова за морем ты за морем...» 117

www.ingramcontent.com/pod-product-compliance
Lightning Source LLC
Chambersburg PA
CBHW060813050426
42449CB00008B/1647